원작 **소맥거핀**

동글 말랑 귀여운 캐릭터로 세계 각국에서 널리 사랑받는 애니메이션 크리에이터예요. 독특한 상상력과 개그 감각을 발휘해 소맥거핀만의 오리지널 애니메이션을 만들고 있어요. 누구나 공감할 수 있는 재미있는 애니메이션을 만들기 위해 매일 노력하고 있답니다.

 글 **윤종문**

1993년 제1회 '소년중앙' 만화 공모 대상을 수상하고 주간 만화 잡지에 다수의 작품을 연재했어요. 대표작으로 〈환생학교 요괴반〉, 〈소맥거핀 일상 만화 1〉, 〈총몇명 스토리〉, 〈기묘함 속으로〉, 웹툰 〈진진돌이 에볼루션〉 등이 있어요.

 그림 **도니패밀리**

귀여운 그림과 재미있는 표정 연출이 주특기인 신재환, 정동호 두 그림 작가로 이루어진 팀입니다. 그림을 보면서 즐거워하는 독자들의 모습을 상상하면서 즐겁게 작업합니다. 대표작으로 〈흔한남매 수수께끼 어드벤처〉, 〈빨간내복야코 어린이 상식〉, 〈구해줘 카카오프렌즈〉 시리즈 등이 있습니다.

 감수 **성미영**

2002년 서울대학교 대학원에서 아동학 전공 박사학위를 받았고, 현재 동덕여자대학교 아동학과 교수로 재직 중입니다. 아동재난안전관리 분야의 연구를 수행하고 있으며, 동덕여자대학교 강의우수교원, 보건복지부장관 표창 등을 수상한 바 있습니다.

열렁뚱땅 가족의 아슬아슬 서바이벌북 **1 자연재해**

소맥거핀
오늘도 초 비상!

원작 **소맥거핀** 글 **윤종문** 그림 **도니패밀리** 감수 **성미영**

대원키즈

등장인물

소맥이

소맥거핀 가족의 둘째. 엄마를 도발해 자연재해를 일으키게 했다. 비상 시 대처 능력은 현저히 떨어지지만 정의감에 불타 뭐든 해 보려 한다. 다만, 하는 행동마다 틀리는 바람에 더 큰 위기를 불러일으킨다.

비상 시 대처 능력 ★

엄마

소맥거핀 가족의 엄마. 가족을 사랑하는 마음으로 태양을 가져왔다가 엄청난 자연재해를 일으키고 말았다. 무엇이든 힘으로 해결하려 한다는 것이 특징. 위기의 순간에 나타나 소맥거핀 가족을 지키는 최고의 엄마.

비상 시 대처 능력 ★★★★

귀시니

소맥이네 집에 함께 사는 신비한 존재. 조용히 지켜보다 결정적인 순간에 소맥거핀 가족을 구해 준다.

바선생

소맥거핀 가족의 동거 벌레. 엄청난 재앙을 불러온 장본인이기도 하다.

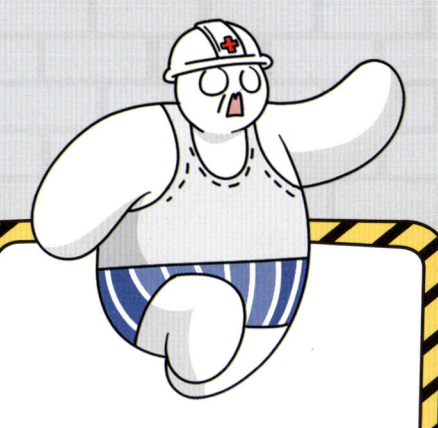

아빠

소맥거핀 가족의 아빠.
위기의 순간에 잘 휘말리지만
뛰어난 생존 본능으로 위기를
극복하기도 한다. 엄마에 이은
또 한 명의 능력자로 가족을
든든하게 지켜 준다.

비상 시 대처 능력 ★★★

누나

소맥거핀 가족의 첫째.
안전 상식은 살짝 모자라지만
침착하게 대처하려고 노력하는
편이다. 위기의 순간마다
소맥이와 티격태격하지만
가족을 누구보다 사랑하는 누나.

비상 시 대처 능력 ★★

다육이

소맥거핀 가족의
반려 식물 답게
놀라운 힘을 가지고 있다.

고양이

소맥이네 가족과
늘 함께하는
귀여운 반려 동물.

차례

1장

태양, 그리고 재앙의 시작

- 폭염과 가뭄이 시작되다! • 10
- 불이야~! 불이야~! • 18
- 주룩주룩 땀 한 바가지 • 24
- 더위 먹방! 기절 엔딩! • 30
- 죽음의 아이스 파티 • 36
- 태양을 피하고 싶어! • 42

2장

최강 한파 서바이벌 대작전

- 덜덜덜, 체온을 지켜라! • 50
- 동상 환자 발생! • 56
- 꽁꽁 얼어붙은 길 위로 소맥이가 걸어 다닙니다 • 62
- 타는 냄새 안 나요? • 68
- 눈 속에서 탈출하라! • 74

3장

기상천외? 기상 이변!

- 태풍을 몰고 온 재채기? • 82
- 번개 vs 아빠 • 88
- 폭우 경보, 외출 금지! • 94
- 집에 물이 차오른다! • 100
- 물에 빠진 차 속에서 탈출하는 법 • 106

4장

SOS! 흔들리는 지구

- 바선생이 불러온 재앙 • 114
- 지진, 위로 아래로 안으로?! • 122
- 쓰나미의 기습 • 128
- 끝이 아니야, 화산 폭발! • 134
- 용암보다 무서운 것? • 140

🚨 폭염과 가뭄이 시작되다!

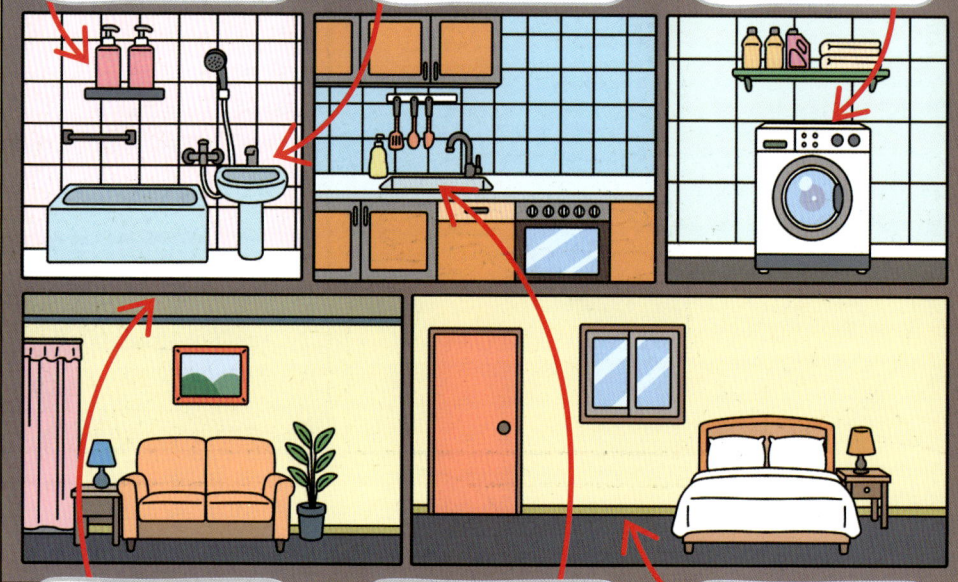

가뭄이 심하면 어떤 일이?

물 부족!
가뭄이 극심하면 먹을 물이 부족해지는 것이 가장 큰 문제야. 그뿐 아니라 씻지도 못하고, 화장실 물 내리기도 힘들 수 있어!

식량 부족!
물이 부족해 작물이 제대로 자라지 못하면 수확량이 크게 감소해.

산불 위험!
비가 오지 않아 건조해지면 산불이 일어날 위험이 커져.

생태계 파괴!
강과 호수의 물이 줄어들면서 야생동물과 식물이 살기 어려워져.

경제 악화!
수력발전소도 돌릴 수 없고, 공장을 운영하기도 어려워지는 등 다양한 산업이 피해를 입을 수 있어.

> 환경 오염에 따른 기후 위기로 가뭄이 더 심해지고 있다고 하니 환경을 지키는 습관부터 지켜나가야 해.

🚨 불이야~! 불이야~!

위기에 대처하려면 정확한 지식을 가지고 움직여야지!

섣부른 행동은 일을 더 키우기만 한다고!

앗! 뜨거워!

으악! 바람 부니까 불길이 더 거세졌어.

아빠! 우리… 산불에 갇힌 것 같아요…!

큰일 났다! 이제 어떡해요, 아빠?!

진짜 이럴 땐 어떻게 해야 하는 거야?!

산불 위기에서 탈출하기

산불이 난 것을 봤다면

즉시 119에 신고한다.
위치를 최대한 자세히 설명하고 불의 크기와 주변 상황을 침착하게 전달해.

신속히 이동한다.
바람의 방향을 확인하고 불길 반대 방향으로 이동해야 해!

 **화상 응급 처치**
화상 부위를 찬물에 담그거나 흐르는 물에 대고 열기를 식혀 줘!

 **주의**
산불을 끄려고 하지 말고 안전한 곳으로 피한 뒤 신고해야 해. 궁금하다고 불길이 있는 곳으로 가까이 가는 건 절대 금물이야!
주변 사람들에게도 빨리 상황을 알리도록 해.
산불은 생각보다 금방 번질 수 있으니 빠르게 피하자!

산불에 갇혔을 때

엎드려! 가려!

불길이 다가오면 땅에 바짝 엎드리고, 옷이나 손수건에 물을 적셔 입과 코를 가려서 연기를 마시지 않도록 해.

바람을 등지고 이동!

불이 번지는 방향 반대로 이동해. 나무가 많은 곳을 피하고 바위가 있는 곳이나 물가 같은 탈 것이 없는 곳으로 가야 해.

대피했다면

안전한 곳으로 피했으면 119에 신고한 뒤 다친 곳은 응급 처치 후 의료진의 도움을 받아.

 주의 빠른 판단과 신속한 대피가 생명을 지키는 가장 중요한 방법이야!

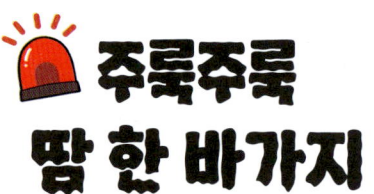

탈수증으로 쓰러졌을 때

서둘러, 수분 공급!
미지근한 물이나 이온 음료, 과일 주스를 마시자. 한꺼번에 꿀꺽꿀꺽 마시기보다 천천히 조금씩 수분을 보충해 줘.

서늘한 곳으로 이동
그늘진 곳이나 에어컨이 있는 실내, 선풍기 바람이 부는 곳으로 이동해 체온을 낮추자.

충분한 휴식
몸을 죄고 있는 옷이나 신발 등을 풀어 혈액 순환이 잘 되도록 한 뒤 충분한 휴식을 취해야 해.

체온을 빨리 내릴 수 있는 부위
목, 손목, 겨드랑이, 발목

 주의 갑자기 너무 차가운 물이나 얼음물을 빠르게 마시면 혈관이 수축되어 위험할 수 있어!

땀을 많이 흘리면 왜 위험할까?

🔴 땀은 물과 나트륨 등의 전해질로 구성되어 있어.

🔴 땀을 많이 흘려서 체내 수분과 전해질이 빠져나가면 신체와 뇌 기능이 떨어지면서 피로감이 심해지고 집중력도 약해져.

🔴 심하면 근육 경련, 피로, 어지럼증이 생기고, 혈액량도 줄어들면서 혈압이 낮아져 실신할 수도 있으니 정말 조심해야 해.

🔴 땀은 몸의 열을 식혀 체온을 조절하는 역할을 하는데, 너무 많이 흘리면 오히려 체온 조절이 어려워져. 고열로 심각한 질병이 생길 수 있으니 평소에 물을 자주 마시고, 너무 더운 곳은 피하도록 하자.

더위 먹방! 기절 엔딩!

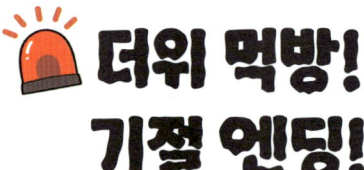

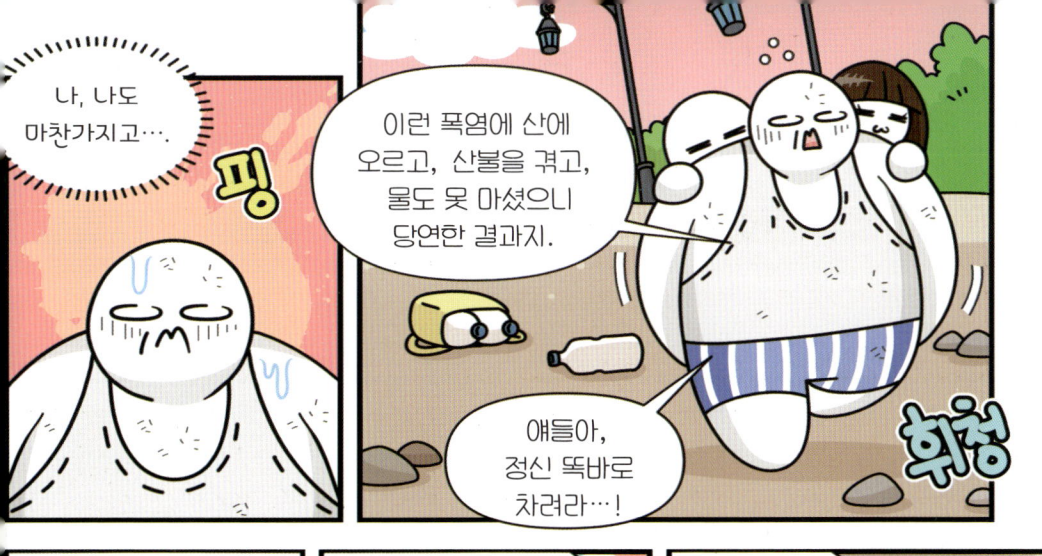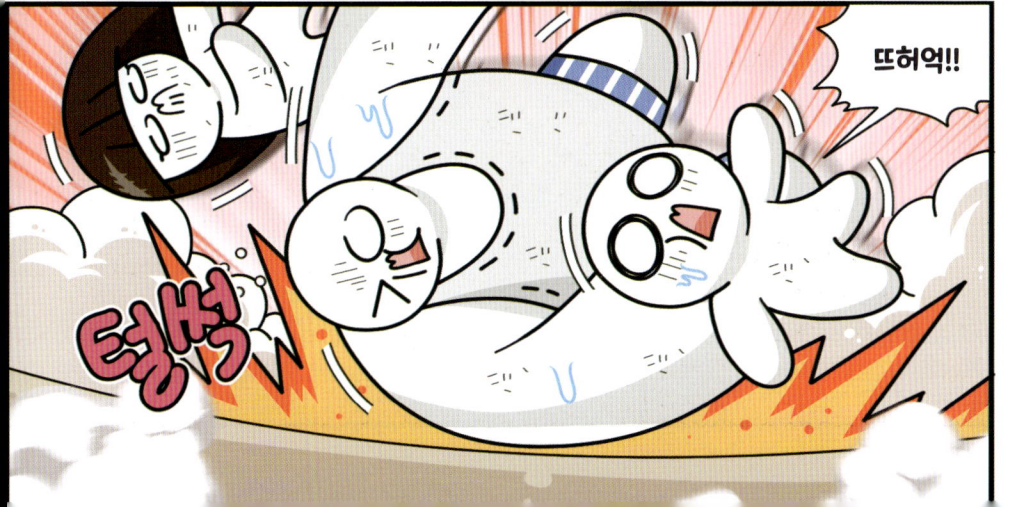

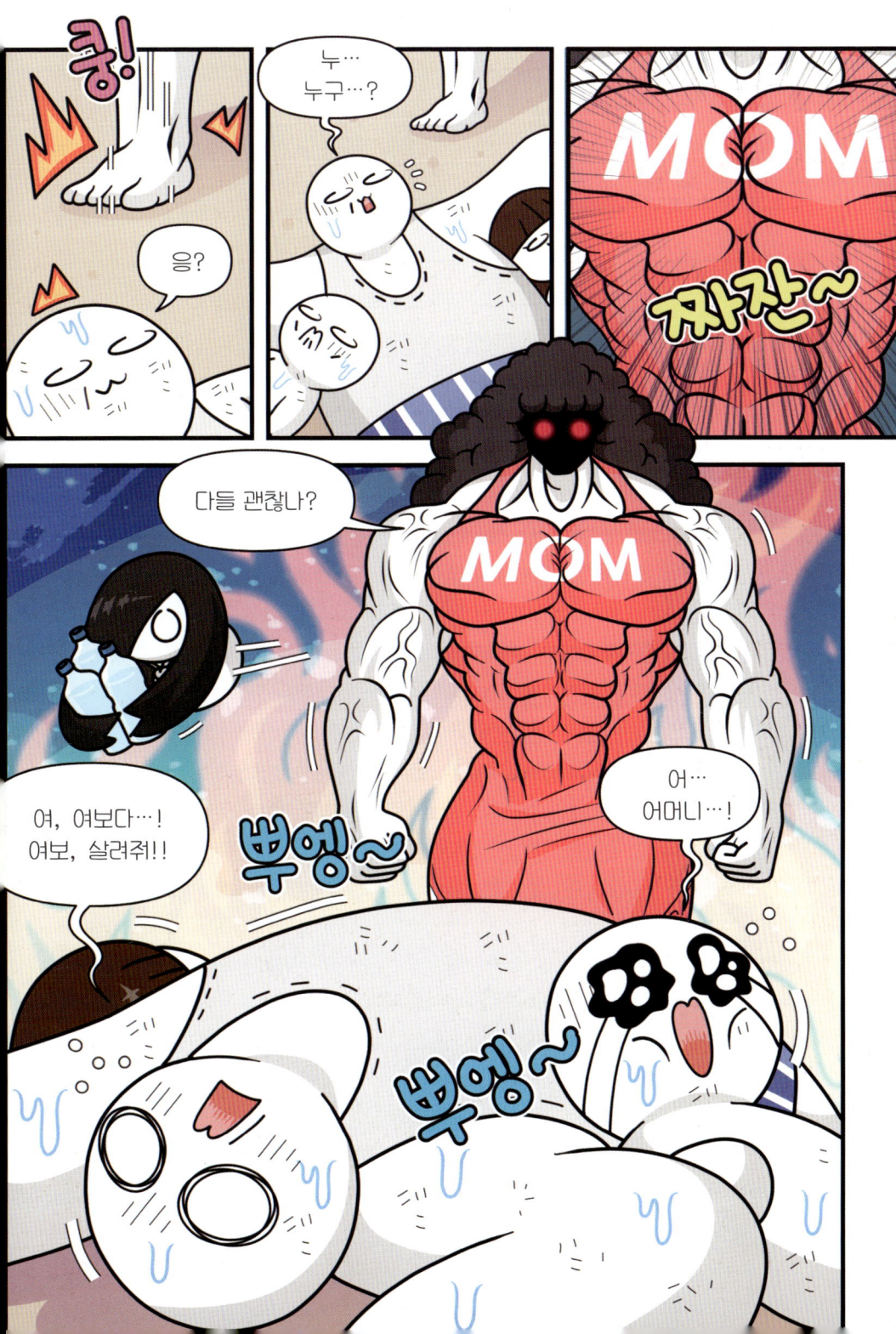

더위를 먹었을 때

열사병 체크리스트 ✓

- ☐ 의식이 흐려지고, 말이 잘 나오지 않는다.
- ☐ 피부가 붉어지고 뜨거우면서 심장이 두근거린다.
- ☐ 열이 나는데(39℃ 이상) 땀은 나지 않는다.
- ☐ 심한 어지러움, 구토, 경련 증상이 있다.
- ☐ 머리가 띵하고 어지럽다.
- ☐ 몸이 무기력하고 기운이 없다.

⚠️ 주의 — 응급 상황! 증상이 하나라도 나타나면 조치를 취하고 심하면 즉시 병원으로!

위기 극복 생존 노트

열사병 예방법

한여름에는 체온이 급격히 올라가고 탈수 위험이 높아지기 때문에 각별한 주의가 필요해!

물을 자주 마시자.

갈증을 느끼기 전에 미리 물을 자주 마셔야 해. 땀을 많이 흘렸다면 이온 음료를 마셔도 좋아.

야외 활동 줄이기

오전 10시부터 오후 4시는 가장 더운 시간이야. 이때는 야외 활동을 피하고, 꼭 외출해야 한다면 양산이나 모자를 쓰고, 자외선 차단제도 꼼꼼히 바르자.

시원한 옷차림으로

너무 꽉 끼는 옷은 혈액 순환을 막고 통풍이 잘 되지 않아 피하는 것이 좋아. 너무 짧은 옷을 입으면 햇볕에 직접 노출되니 얇은 긴 옷이나 땀을 잘 흡수하는 옷을 입도록 하자. 차갑게 느껴지는 특수 원단으로 된 아이템들도 활용해 보자.

폭염 특보에 귀 기울이기

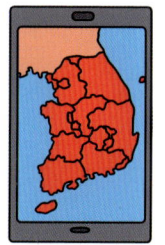

뉴스를 통해 폭염주의보, 폭염경보를 확인하자. 자주 다니는 곳에 무더위 쉼터가 있는지 확인해 보고 위치도 미리 알아 두면 도움이 돼.

꼭 기억하자!

킹받는 찬 음식 먹방

감기

찬 음식을 많이 먹으면 체온이 내려가면서 면역력이 약해져 감기, 목감기, 기관지염 등에 걸릴 수 있어.

배탈 & 설사

찬 음식은 위장 기능을 떨어뜨려 많이 먹으면 배탈, 설사, 속 쓰림, 소화불량을 일으킬 수 있어.

신장 & 방광

몸이 차가워지면 신장과 방광 기능이 약해져 소변이 잦아지고 방광염이 생길 수 있어.

식욕 저하

찬 음식은 식욕을 떨어뜨려 제대로 된 식사를 거르게 해. 체력 손실이 큰 여름철에 영양 섭취를 제대로 하지 않으면 건강을 잃을 수 있으니 주의!

위기 극복 생존 노트

아이스크림 두통은 왜 생길까?

얼음이 든 음료나 아이스크림을 급하게 먹으면 머리가 띵해지는 '아이스크림 두통'이 생겨. 찬 음식이 입에 들어오면 온도가 낮아지는데 뇌는 자신을 보호하기 위해 순간적으로 혈관을 수축시켜 피가 더 많이 들어오게 하지. 몇 초 후 입안 온도가 다시 올라가고, 혈관이 늘어나는 과정에서 두통이 생기는 거야. 통증은 꽤 심하지만 다행히 뇌에 손상을 주거나 생명을 위협하지는 않는다구~.

찬 음식 먹기 요령
★ 천천히 먹자. 급하게 먹으면 두통이 생기고 위에 부담을 줄 수 있어.
★ 너무 자주, 많이 먹지 않기. 특히 공복에는 찬 음식을 피해 줘.
★ 배탈이 나면 따뜻한 물을 마시고 배를 따뜻하게 해 주자.

🚨 태양을 피하고 싶어!

이 모든 게 태양이 가까이 있어서 생긴 일이다.

가뭄, 폭염, 산불, 탈수증, 일사병…!

그런데 그게 끝이 아니었다.

햇볕에 탄 피부가 화끈거려서 밤새 한숨도 못 잤어.

쿠엥~

나도…. 배탈만의 문제가 아니었어.

나도 못 잤다.

나 지금 옷 입고 있는 게 아니다. 탄 자국이다….

아빠도…?

두둥

소액거핀 SOS
빨갛게 달아오르고, 따갑고, 거대 물집이!

햇빛 화상 체크리스트 ✓

- ☐ 고열(38.5℃ 이상)이 있다.
- ☐ 열이 나는데 추운 것처럼 몸이 떨린다.
- ☐ 화상 부위가 너무 넓다.
- ☐ 피부에서 진물이 나거나 곪았다.
- ☐ 물집이 생겼다.

이런 증상이 하나라도 보이면 즉시 응급조치 후 병원으로!

햇빛 화상 응급 처치

화상 부위 식히기	상처 보호하기	의료기관 방문하기
	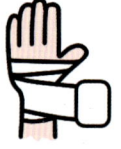	
찬물에 10분 정도	깨끗한 거즈 붕대로	화상·흉터 중점

햇빛 화상 대처법 OX 퀴즈

❶ 화상 부위에 얼음을 대고 열을 식혀 준다.

❷ 소독이 되도록 알코올이 들어간 보습제를 바른다.

❸ 몸에는 자외선 차단제를 바르지 않아도 괜찮다.

❹ 몸에 달라붙는 옷을 입어 햇볕을 막는다.

❺ 물집이 생기면 바로 터뜨린다.

❻ 물집이 터진 곳이 잘 아물도록 그대로 노출시키는 것이 좋다.

❼ 피부가 벗겨지면 모두 떼어 낸다.

❽ 수분이 많은 과일이나 이온 음료를 섭취하는 게 좋다.

정답은 146쪽에

추워지면 걸리기 쉬운 질병 특

감기 & 독감
체온이 낮아지면 면역력이 떨어져 감기에 잘 걸릴 수 있어. 또 겨울에는 건조해 바이러스가 쉽게 전파돼 독감에 걸리기도 쉬워.
➡ **손을 잘 씻고 실내 습도는 40~60% 유지, 독감 예방 접종도 맞자!**

폐렴
감기가 심해 폐에 염증이 생기는 질병이야. 면역력이 약한 어린이는 더 쉽게 감염될 수 있어.
➡ **폐렴으로 발전하기 전에 감기 증상이 심하면 꼭 병원에 가자!**

비타민D 부족
뼈를 튼튼하게 해 주는 비타민D는 햇빛을 쐬면 만들어지는데, 겨울에는 햇빛이 부족해 뼈 건강에 영향을 줄 수 있어.
➡ **낮에 햇빛을 충분히 쐬고, 비타민D가 풍부한 음식을 먹자!**

두드러기 & 피부 건조증
피부가 차가운 공기에 노출되면 트거나 두드러기가 생길 수도 있어. 더 심하면 동상에 걸려 피부 조직이 심하게 손상될 수 있어.
➡ **보습제를 자주 바르고, 장갑과 양말을 꼭 챙기자.**

🚨 동상 환자 발생!

콰콰콰콰

응?

뭐야?

콰콰콰

거대한 눈덩이가 굴러다녀요.

눈이 오니 엄마도 동심으로 돌아간 것인지 세계에서… 아니, 우주에서 제일 큰 눈사람을 만들기 시작했다.

쿠쿵

휘이이잉~

끄아악! 우리가 만든 눈사람보다 100배는 더 크다!

동상에 걸리면 어떻게 해야 할까?

이것이 동상? 증상을 알아봐요

- 손, 발, 코, 귀 끝이 저리고 감각이 둔해짐
- 피부가 하얗거나 회색빛으로 변함
- 피부가 검거나 파랗게 바뀜 (조직 괴사)
- 감각이 완전히 사라짐 (신경 손상)
- 부어오르거나 물집이 생김
- 찌릿하거나 얼얼한 느낌
- 심한 통증이 느껴지거나 감각이 마비됨

 **주의** 중증 동상은 영구적인 조직 손상으로 이어질 수 있으므로 즉시 병원 치료 필요! 동상은 예방이 최선이야! 추운 날씨에 오래 머물지 않도록 조심하자!

동상 시 하면 안 되는 것을 찾아봐!

① 뜨거운 물로 녹여 주기

② 체온으로 서서히 녹이기

③ 미지근한 물에 담가 서서히 녹이기

④ 입으로 불어서 녹이기

⑤ 통증이 심하거나 피부 색이 변하면 즉시 병원으로 가기

⑥ 얼어붙은 부위를 문지르거나 긁기

꽁꽁 얼어붙은 길 위로 소맥이가 걸어 다닙니다

뜨끈뜨끈 우리 집이 위험해!

우리 집 안전 췍~!

- ☐ 환기는 자주 하는가?
- ☐ 난방 기구 근처에 잘 타는 물건은 없나?
- ☐ 난방 기구가 과열되지는 않나?
- ☐ 전기장판 온도는 적당한가?
- ☐ 콘센트는 안전한가?

위기 극복 생존 노트

난방 기구 안전하게 사용하려면?

전기장판이나 온열기 과열로 화재가 일어날 수 있어.
- 적정 온도와 적당한 사용 시간을 지킨다.

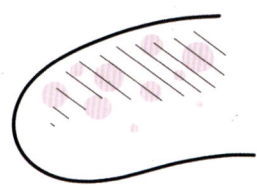

뜨거운 난방 기구에 닿아 화상을 입을 수 있어.
- 난로나 온열기 근처에서는 절대 장난치지 않는다.

난방 기구 근처에 있는 물건이 타면서 불이 날 수 있어.
- 난방 기구 위에는 물건을 올려 두지 않고, 주변에 탈 수 있는 것들은 치운다.

가스난로를 사용하다 일산화탄소에 중독될 수 있어.
- 환기를 자주 해 준다.

어른의 도움을 받아 안전하게 사용하자!

🚨 눈 속에서 탈출하라!

예측 불가 폭설 주의!

폭설 시 위험(실내)

정전

- 화재의 위험이 있으니 촛불 대신 LED 랜턴을 사용하자.
- 냉장고 문은 자주 열지 않도록 해서 음식을 잘 보관하자.
- 난방이 어려우면 따뜻한 옷을 여러 겹 입고, 가족과 함께 체온을 유지해야 한다.
- 손전등, 배터리, 난방 텐트, 핫팩 등을 준비하자.

붕괴

- 쌓인 눈의 무게로 지붕이나 간판이 무너질 수 있으니 너무 많이 쌓이지 않도록 제때 치운다.

생필품 부족

- 물, 식료품을 구하기 어려워지니 즉석밥, 라면, 통조림, 생수 등을 미리 준비하자.
- 해열제, 감기약, 반창고 등 비상약이 충분한지 확인한다.

폭설은 평소보다 비정상적으로 많은 눈이 내리는 현상이야.
최근에는 기상이변으로 예측하기 어려운 폭설이
자주 발생하고 있어 미리 대처법을 알아 두어야 해.

 폭설로 갇혔을 때

폭설로 고립되었다면 절대 혼자 움직이지 말고 구조 요청이 우선!

- 즉시 119에 구조 요청하고 현재 위치를 알리기.

- 동굴, 바위 뒤 등 바람을 피할 수 있는 장소로 이동하기.

- 젖은 옷을 벗고 마른 옷으로 갈아입기.

- 무릎을 가슴 쪽으로 끌어안은 웅크리기 자세로 체온 지키기.

- 핫팩, 초콜릿이나 에너지바를 활용해 체온 유지하기.

체온 유지가 관건이야!

 주의 | 눈밭에서 움직이다가는 길을 잃을 수 있어. 구조될 때까지 안전한 곳에서 기다리자!

🚨 태풍을 몰고 온 재채기?

극심한 폭염과 한파를 겪은 엄마는 태양을 원래 위치로 되돌려 놓았다.

아, 지금이라도 제자리를 찾아가서 다행이다.

화창~

이제부터는 별일 없겠죠?

하지만 우리는 또 한 명의 최강자를 잊고 있었으니….

갑자기 코, 콧구멍이… 콧구멍이 간지러워!

화들짝

!!

벌렁

벌렁

에~ 에~

태풍으로 바람이 거셀 때

외출 금지
태풍이 접근하면 절대 외출하지 마세요.

접근 금지
간판 등 바람에 날아갈 수 있는 것이 많은 지역에 접근하지 마세요. 바람에 나무가 쓰러질 수 있으니 안전한 장소로 이동하세요.

전기 & 가스 주의
감전 위험이 있으니 전기 플러그를 뽑고 가스는 차단하세요.

창문 단속
창문에 테이프나 물에 적신 신문지를 창 전체에 붙이세요. 창틀이 단단히 고정되어 있는지 확인하고, 커튼을 쳐서 유리 파편을 막으세요.

보호자와 함께
강한 바람과 폭우로 위험하니 보호자와 떨어지지 말고 안내에 따라 행동해요!

태풍에 대해 알아보자!

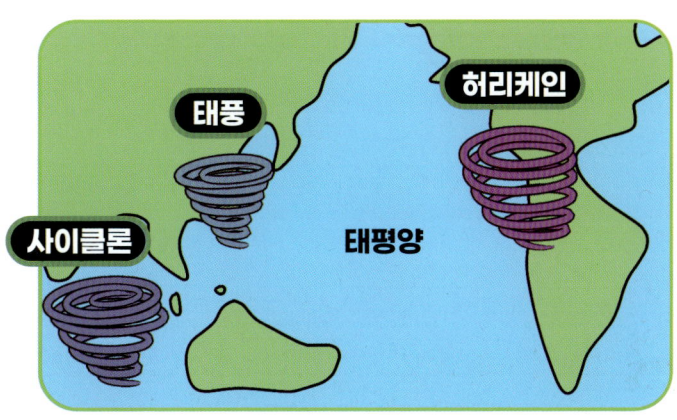

🔴 태풍은 북서태평양에서 만들어져 아시아 대륙으로 불어오는 폭풍우로, 강한 바람과 많은 비를 몰고 와.

🔴 북서태평양에서 만들어진 것은 태풍, 대서양에서 만들어진 것은 허리케인, 벵골만과 아라비아해에서 생겨난 것은 사이클론이라고 불러.

🔴 우리나라에서는 주로 7~10월 사이에 태풍이 많이 발생해.

🔴 초강력한 태풍은 시속 200km 가까이 돼. 이런 강풍은 자동차를 뒤집고 심지어 건물을 무너뜨리기도 해.

17m/s	25m/s	33m/s	44m/s	54m/s
-	중	강	매우강	초강력
간판 날아감	지붕 날아감	기차 탈선	사람, 커다란 돌 날아감	건물 붕괴

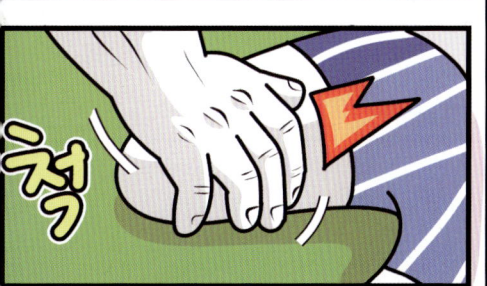

번개에 맞으면

심장 마비
강한 전류가 심장을 통과하면 심장이 멈출 수도 있어.

근육 및 뼈 손상
번개의 충격으로 땅에 튕겨 나가면서 근육 경련이나 골절이 생길 수도 있어.

청력 & 시력 손상
천둥 소리와 강한 빛 때문에 청력을 잃거나 눈이 보이지 않을 수 있어.

화상
번개는 엄청나게 뜨거워서(27,000℃ 이상) 피부에 화상을 입을 수 있어.

신경 손상 & 의식 상실
번개의 충격으로 의식을 잃거나 기억력 저하, 마비 증상이 나타날 수 있어.

 **번개를 맞았을 때 응급 처치**

의식과 호흡 확인! 의식이 없고 숨을 쉬지 않으면 심폐소생술(CPR)을 즉시 실시해야 해.

응급 신고(119)! 번개를 맞으면 내부 장기 손상이 있을 가능성이 높아서 반드시 병원으로 가야 해.

폭우 경보, 외출 금지!

기상 이변으로 인한 소동은 끝이 없었다.

우르릉

휘이이잉

아빠! 큰일 났어요. 누나가 안 보여요.

누나가 투명 인간이라도 됐다는 거냐?

그게 아니라….

고양이가 집 안에 없다고 하더니….

설마 이 날씨에 고양이 찾으러 나갔다는 거냐?

찌릿

끄덕

엄마가 집 안에 꼼짝 말고 있으라고 했는데…!

쿵쿵쿵쿵

엄마가 알기 전에 빨리 누나를 찾자!!

갑작스럽게 폭우를 만나면!

폭우 속 위기 탈출 췍~!

- ☐ 주변에 도와줄 어른이 있는가?
- ☐ 이상한 소리가 나거나 물이 소용돌이치지는 않는가?
- ☐ 물살이 세지 않은가?
- ☐ 물이 빠르게 차오르지는 않는가?
- ☐ 쓰러진 전봇대나 끊어진 전선이 있지는 않은가?
- ☐ 신발이 튼튼한가?

어린이는 체력이 약하고 위험을 빠르게 피하기 어려우니까, 어른의 도움을 받고 항상 조심해야 해!

폭우 시 안전 대처법

🔴 어른과 함께 안전한 길로 이동하자!

🔴 물이 불어나기 전에 높은 곳으로 이동하고 갑자기 물이 차오르면 즉시 어른에게 알리자.

🔴 미끄러지거나 발을 헛디뎌 물에 빠지면 위험하니 안전한 곳으로 이동하고 신발 끈을 단단히 묶어 신발이 벗겨지지 않도록 하자.

🔴 물이 소용돌이치며 흐르는 곳이나 바람 소리 같은 이상한 소리가 난다면 반드시 피해 가도록 하자.

🔴 하천이나 배수로 근처는 물살이 강해서 휩쓸릴 위험이 있으니 가까이 가지 않도록 하자.

🔴 전봇대나 전선이 쓰러져 있으면 감전될 수 있어. 물속에 있는 가로등, 전봇대, 전기 시설 근처는 피하고, 감전 위험이 보이면 어른에게 바로 알리자.

비가 많이 오면 맨홀 뚜껑이 열리기도 하는데, 비가 많이 와서 흙탕물이 되면 맨홀 위치가 보이지 않아 맨홀에 빠질 수 있으니 정말 조심해야 해!

집에 물이 차오른다!

폭우로 물이 차오른다면

위험 알리기
혼자 대처하지 말고 어른에게 바로 알려야 해. 집에 물이 차면 어른에게 바로 말하고, 어른이 없다면 119, 112에 전화를 걸거나 문자 메시지를 보내자. 정전일 때는 손전등을 흔들어 밖에 있는 사람에게도 알리자.

감전 주의
물에 젖은 전기 콘센트나 가전제품을 만지면 감전될 수 있어 조심해야 해. 젖은 손으로는 전기 제품을 만지지 말고, 냉장고, 전자레인지, 멀티탭 등 감전 위험이 있는 곳 근처에는 가지 않도록 하자.

높은 곳으로!
밖으로 나갈 수 없는 상황이라면 높은 침대, 튼튼한 책상이나 식탁 위 등 최대한 높은 곳으로 올라가자. 수영을 못하면 물에 뜰 수 있도록 튜브, 나무판자, 밀폐용기 등을 잡고 있자.

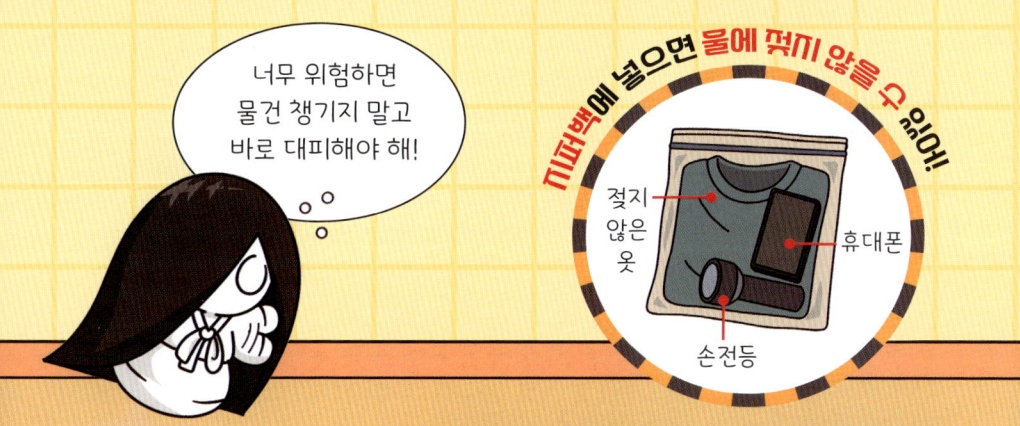

너무 위험하면 물건 챙기지 말고 바로 대피해야 해!

지퍼백에 넣으면 물에 젖지 않을 수 있어요!

젖지 않은 옷 / 휴대폰 / 손전등

안전한 방법으로 나가자!

문이 열리는지 확인하고, 문이 막혔다면 창문을 통해 나가자. 물이 허리 이상으로 차면 절대 혼자 나가지 말고 어른과 함께 이동해야 해! 엘리베이터는 침수되면 갇힐 수 있으니 계단을 이용하자.

즉시 밖으로!

물은 우리 예상보다 빠르게 불어날 수 있어. 집 안에 물이 들어오기 시작했다면 매우 위험하니 위층이나 옥상으로 이동하자!

🚨 물에 빠진 차 속에서 탈출하는 법

할머니 집으로 가는 길은 험난했다.

쏴아아아

앞이 잘 안 보여!

평소에는 쉽게 가는 길인데….

촤촤촤촤

엄마, 괜찮아요?

어허~ 시원하다. 오늘은 세수 안 해도 되겠군.

산에서 굴러온 돌 때문에 길이 엉망이야. 다른 길로 돌아가자!

앗! 아빠, 여긴 길이 물에 잠겼는데요?!

덜컹 덜컹

찰랑 찰랑

다시 돌아가야 하는 거 아니에요?

쏴아아아아

타고 있는 차가 물에 잠겼다면?

물이 차오를수록 탈출이 어려워지니까, 최대한 빨리 빠져나오는 것이 중요해!

Step 1 안전벨트 풀기

차가 물에 빠지면 제일 먼저 안전벨트를 풀어야 해. 스스로 풀 수 있으면 빠르게 풀고, 벨트가 안 풀리면 어른에게 말해서 가위나 칼로 빨리 자르자!

Step 2 물이 차오르기 전에 문 열기

물이 차기 전에 문을 열어야 쉽게 탈출할 수 있어. 물이 차오르면 수압 때문에 문이 안 열릴 수도 있기 때문이야. 물이 차기 전이라면 문을 강하게 밀어서 열고 탈출하자.

Step 3 창문으로 탈출하기

문이 열리지 않으면 차가 완전히 잠기기 전에 창문을 열고 탈출하면 돼. 만약 창문이 안 열리면 창문을 깨야 해! 앞좌석 머리 받침을 빼면 나오는 긴 쇠붙이나 안전벨트의 버클 등 단단한 것으로 창문을 깨자.

앞 유리는 강화유리라 깨기 어려우니 옆 창문을 깨야 해. 또 창문의 모서리 부분이 약하니 구석을 두드려 깨자.

Step 4 물에 완전히 잠기면 탈출하기

창문이나 차문을 열지 못했을 때, 물이 차오르면 수압이 줄어들어 문이 더 쉽게 열릴 수도 있어. 문손잡이를 잡고 기다렸다가 물이 거의 다 차오르면 문을 세게 밀면서 빠져나오자.

Step 5 탈출 후 도움 요청

숨을 깊이 들이마시고 물 위로 떠오르자. 수영할 수 있으면 최대한 안전한 곳으로 가서 구조대나 어른에게 즉시 도움을 요청하자.

주의!
- ★ 당황해서 차 안에서 계속 기다리면 위험!
- ★ 창문을 열거나 깰 기회를 놓치면 탈출이 어려워져.
- ★ 차가 완전히 가라앉을 때까지 가만히 있으면 안 돼!
- ★ 열리지 않는 문을 열다가 힘이 모두 빠져 버릴 수도 있어.

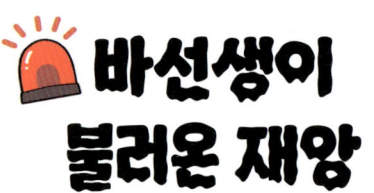

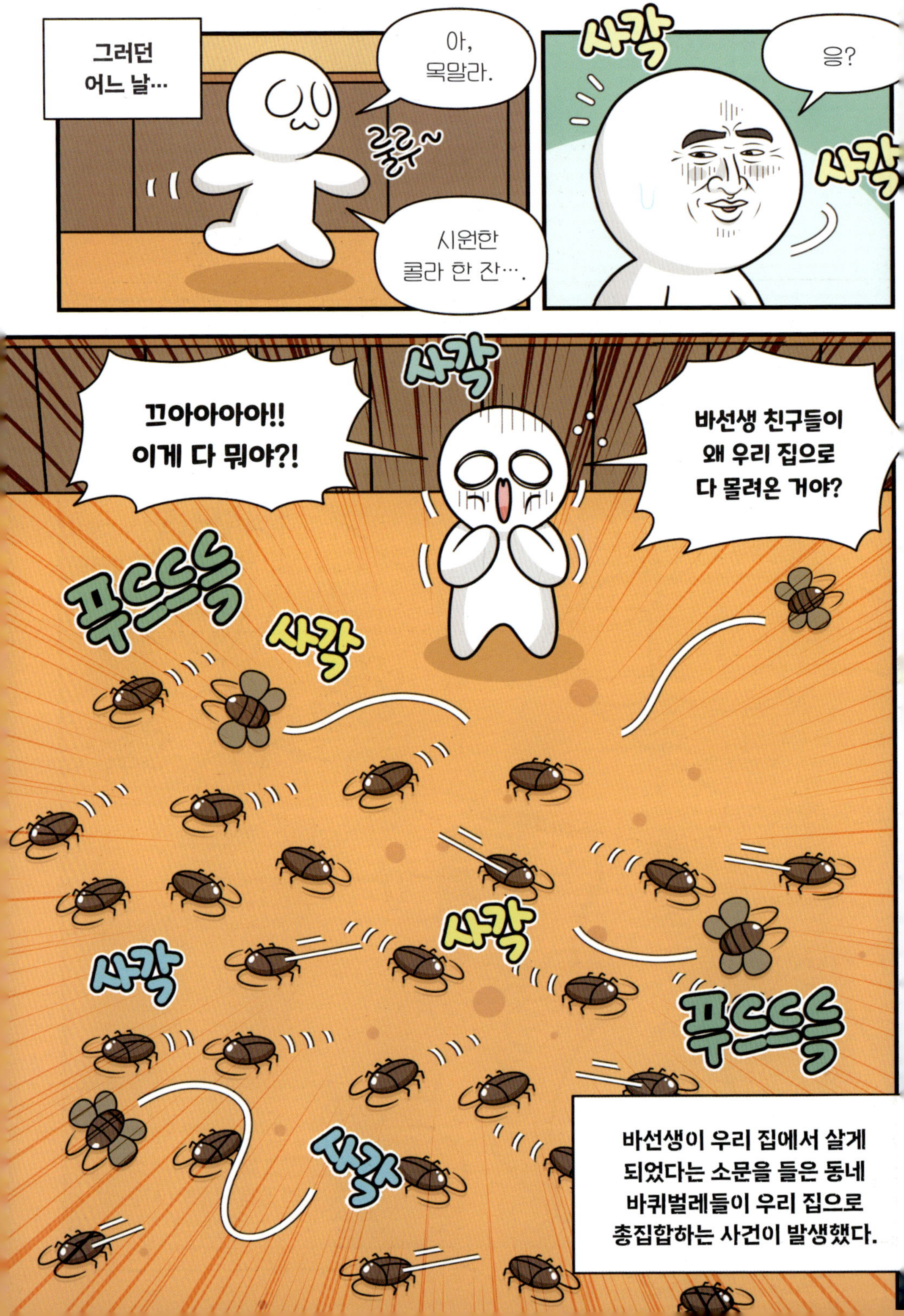

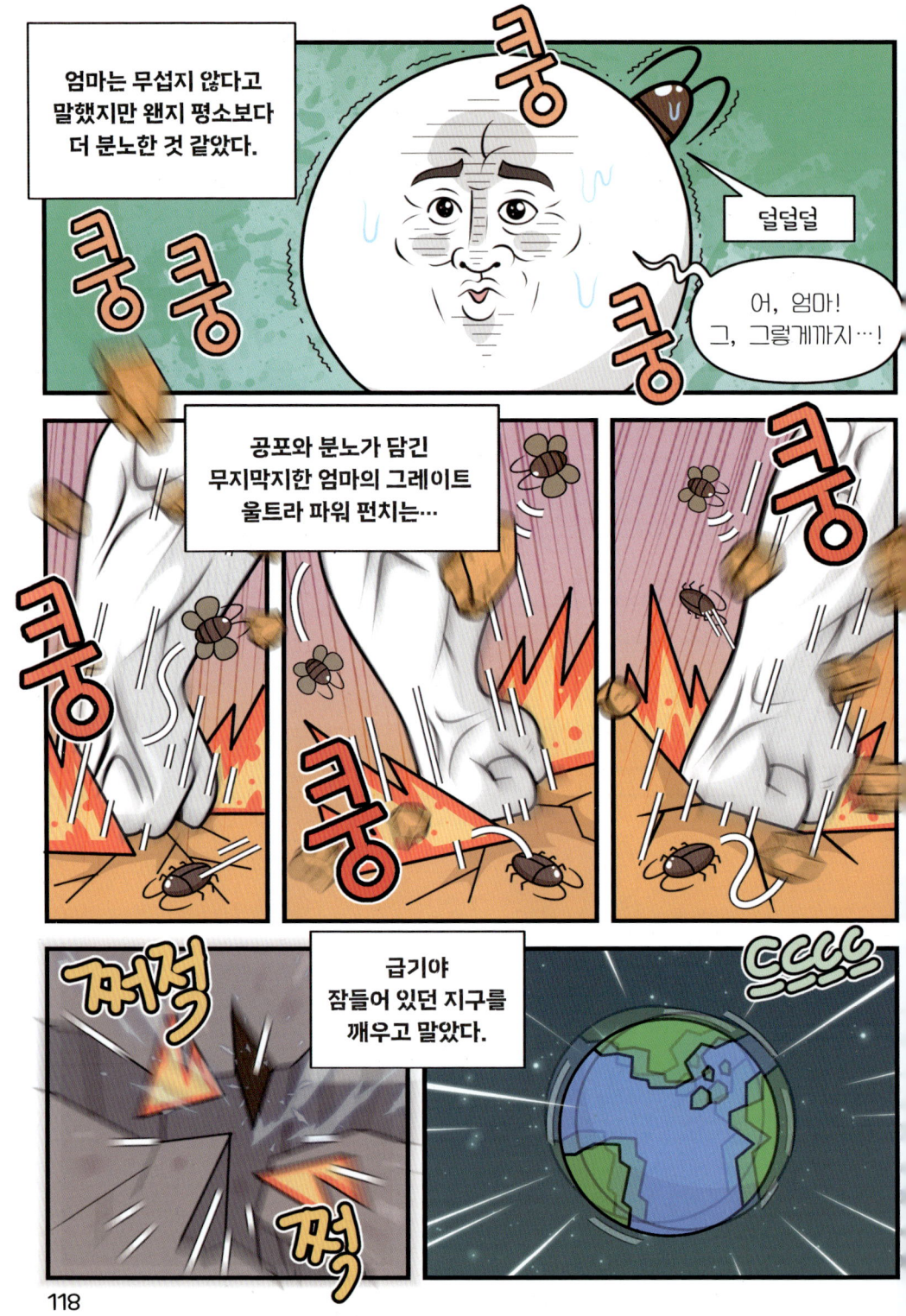

지진 경보가 울리면

창문, 유리, 선반 등 깨질 수 있는 물건 근처에 가지 않도록 해.

떨어질 위험이 있는 물건을 피하자.

문을 열어 출구를 확보해.

탁자나 책상 아래로 들어가 몸을 보호해.

엘리베이터는 절대 이용하지 말고, 비상계단을 이용하자!

흔들림이 멈추면 불이 나지 않도록 전기와 가스를 차단한 뒤 침착하게 대피하자.

탁자가 없으면 팔로 머리를 감싸고 방석이나 쿠션으로 보호해.

 지진 때문에 문틀이 뒤틀리면 문이 열리지 않아 나가지 못할 수 있어서 문을 열어 두는 거야.

재난 가방을 싸 보자.

재난 가방에 넣으면 좋을 물건들이야.
그림 아래에 이름을 적고 가방에 넣어 보자.
이것 말고도 꼭 넣어야 할 아이템들을 찾아 적어 봐.

재난 가방에 넣으면 좋은 아이템
★ 휴대용 칼, 비닐봉지, 핫팩, 우비, 티슈

집 밖에 있을 때 지진이 나면?

건물이 무너지거나 간판 등이 떨어질 수 있으니 건물 근처를 빨리 벗어나자.

신호등, 전봇대, 가로수가 넘어질 수 있으니 그 아래로 피하지 않도록 하자.

가방이나 외투 등으로 머리를 보호하고 공터나 운동장 같은 넓은 곳으로 이동해.

창문 근처는 피하고, 튼튼한 벽 옆에 몸을 웅크려 보호해.

도로에 있다면 차에 치이지 않도록 조심해.

어른의 안내를 따르거나 대피 장소를 검색하여 빠르게 이동하자.

 **주의** 대피 장소에 도착한 뒤에는 구조대나 안내 방송에 따라 행동하자.

쓰나미의 기습

바닷가에 있을 때 지진이 일어났다면

지진을 느꼈다면 당황하지 말고 해변, 항구 등에서 즉시 벗어나자.

대피소로 갈 수 없다면 튼튼한 3층 이상의 건물, 높은 언덕, 산 등 최대한 높은 곳으로 이동하자.

가까운 대피소의 위치를 확인하고 신속히 이동하자.

쓰나미란?
지진이나 화산 폭발, 해안 부근의 산사태 등 큰 충격으로 바다에 초대형 해일이 일어나는 걸 말해.

 주의 쓰나미는 한 번만 오지 않고 여러 차례 반복될 수 있어. 심지어 두 번째, 세 번째가 더 강할 수 있으니 안전하다는 발표가 있기 전까지는 고지대에서 기다려야 해.

지진의 규모에 따라 어떤 일이 일어날까?

1~2.5 지진을 느끼지 못하거나 건물 위층에 있는 일부의 사람만 느낌.

3.0 대부분의 사람이 느끼고, 서 있는 차나 창문이 흔들리는 정도.

3.5~4.0 거의 모든 사람이 느끼고, 창문이 깨지기도 하며 물건들이 넘어짐.

5.0 무거운 가구가 움직이며, 벽에 금이 가기도 함.

6.0 건물이 부서지는 등의 피해가 발생함.

7.0 건물이 무너지거나 파괴되고 기차선로가 휘어짐.

8.0~9.0 이상 다리가 무너지고, 땅이 솟아오르는 등 뒤틀림.

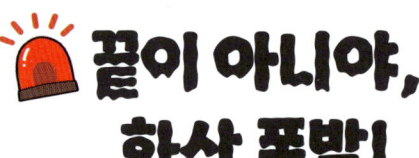

끝이 아니야, 화산 폭발!

큰 위기 뒤에 만나는 가족은 마치 다른 사람 같았다.

엄마~! 소맥아~!

누나~!!

다다다

소맥이 남매가 이렇게 우애가 좋아 보였던 적이 있었던가?!

무사해서 다행이야.

너두, 너두! 얼마나 걱정했게….

방방

아빠는 낚시 가셨는데, 누나 아빠 소식 들은 거 있어?

아… 아빠…?

쏴아아

바닷물이 여기까지 밀려 들어오고 있는데….

아빠는 어쩌지?

쏴아아

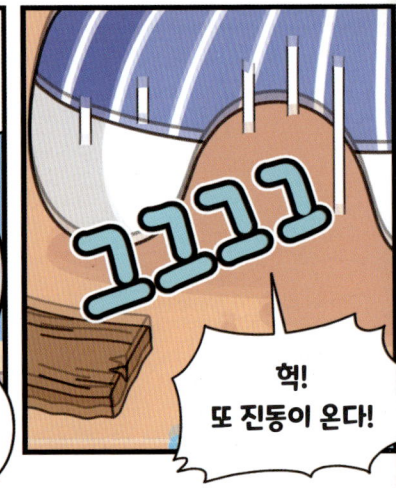

화산이 폭발했다!

화산 폭발 전

- 대피소와 피난 경로를 가족과 함께 확인하자.
- 식수, 손전등, 비상약, 비상식량, 보조 배터리, 마스크, 우산 등의 비상용품을 준비하자.
- 화산 폭발 관련 안내 방송에 계속 귀를 기울이자.

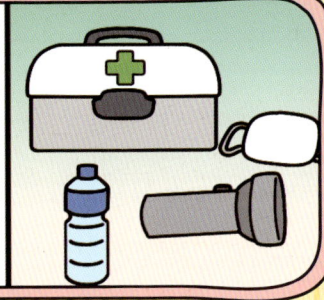

화산 폭발 중

- 안내 방송에 따라 실내에 머물거나 빠르게 대피한다.
- 대피가 필요하면 차로 이동하는 대신 걸어서 이동한다.
- 화산재, 화산가스 등을 피하기 위해 실내에 머무른다.

화산 폭발 후

- 경보가 해제될 때까지 안전한 곳에서 계속 머물자.
- 화산재로 건강을 해칠 수 있으니 밖으로 나가지 않는다.
- 물이나 음식을 먹을 때는 화산재로 오염되지 않았는지 꼭 확인한 다음 먹는다.

화산이 폭발한 뒤에는 어떤 일이?

대기 오염
화산이 폭발하면 화산재와 화산가스가 나오는데 여기에는 미세 먼지와 유독 물질이 포함되어 있어 사람은 물론 많은 생명체의 생존을 위협해.

수질 오염
대기 중에 있는 화산재 때문에 산성비가 만들어지고 빗물이 땅에 떨어지면서 토양과 물을 오염시킬 수 있어. 동식물이 오염된 물을 마시면 생태계에 영향을 줄 수 있어.

기후 변화
많은 양의 화산재가 태양빛을 가려 지구의 기온이 낮아질 수 있어. 이를 '화산 겨울' 현상이라고 해. 여름에도 매우 추운 날씨가 될 수 있어.

경제적 피해
화산 폭발로 농업, 공업 등의 산업이 멈추고, 도로나 건물이 무너져 사회 시설을 복구하는 데 드는 비용이 많이 생겨서 경제적으로도 영향을 미쳐.

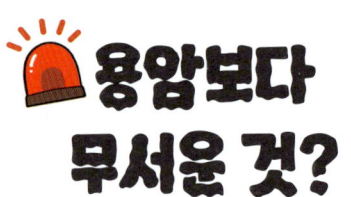

용암보다 무서운 것?

화산이 폭발하면 사람들은 용암을 가장 두려워하지만, 실은 뜨거운 가스, 화산재, 암석 등이 섞인 '화산쇄설류'가 가장 위험하다.

완전 죽음의 데스(death), 재앙의 디제스터(disaster)다!

화산이 폭발하면서 튀어나온 암석 조각이 무서운 속도로 굴러 내려온다!

콰콰콰콰

화산재가 하늘을 뒤덮고 있어요!

이럴 땐…!

강아지풀

?

간질 간질

에~ 에~

후다닥

140

화산재의 습격

화산이 폭발했을 때 용암보다 더 무서운 것이 화산재야!
화산 폭발 후 몰려오는 화산재에 대비하여 무엇을 해야 할지 알아보자.

- 방진 마스크, 보호안경 등 안전 장비를 준비해.
- 문이나 창문을 닫고, 환기구도 모두 닫은 뒤 테이프로 밀봉해 줘.
- 가급적 실내에 머물면서 빠르게 청소하자.
- 청소할 때는 빗자루 대신 물에 적신 걸레나 천을 사용해서 화산재가 다시 날리지 않도록 해야 해.
- 외출했다 들어오면 밖에서 입던 옷은 갈아입고, 몸을 깨끗이 씻자.
- 음식이나 물이 화산재로 오염되지 않았는지 먹기 전에 꼭 확인하자.

화산재를 뒤집어 쓴 다육이의 방안 그림에서 서로 다른 곳을 찾아봐.

 47쪽

❶ X 얼음을 직접 대면 피부 손상이 심해질 수 있으니 찬물로만 식혀 준다.
❷ X 알코올이 들어간 제품은 자극이 심하니 사용하지 않는다.
❸ X 몸에도 꼭 자외선 차단제를 발라 햇빛 화상을 예방한다.
❹ X 피부 마찰을 줄이기 위해 면 소재의 넉넉한 옷을 입는다.
❺ X 물집은 터뜨리지 않고 자연적으로 회복되도록 두는 것이 좋다.
❻ X 물집은 터지면 감염 위험이 있으므로 깨끗한 거즈로 보호해 준다.
❼ X 절대 억지로 떼지 말고 자연스럽게 재생될 때까지 기다린다.
❽ O 수분을 충분히 섭취해 피부가 회복되도록 돕는다.

 55쪽

 61쪽

❶ 뜨거운 물로 녹여 주기
❹ 입으로 불어서 녹이기
❻ 얼어붙은 부위를 문지르거나 긁기

93쪽

수도꼭지, 샤워기, 콘센트, 나무 밑, 우산 등 뾰족한 금속 아래는 위험해!

 127쪽

공터, 옥외 대피소, 책상 아래, 식탁 아래, 계단으로 이동

 145쪽

2025년 11월 14일 초판 1쇄 인쇄
2025년 12월 22일 초판 2쇄 발행

원작 소맥거핀
글 윤종문
그림 도니패밀리

발행인 황민호
캐릭터비즈사업본부장 석인수
편집장 손재희
책임편집 윤정원
디자인 루기룸

발행처 대원씨아이㈜ www.dwci.co.kr
주소 서울시 용산구 한강대로15길 9-12
전화 편집 02-2071-2167 **영업** 02-2071-2066 **팩스** 02-794-7771
등록번호 1992년 5월 11일 **등록** 제3-563호

ISBN 979-11-423-3751-2 77400
　　　979-11-423-3750-5(세트)

ⓒSANDBOX NETWORK, Inc. ALL RIGHTS RESERVED.
ⓒ소맥거핀. ALL RIGHTS RESERVED.

*본 상품은 ㈜샌드박스네트워크와의 정식 라이선스 계약에 의해 대원키즈에서
　제작, 판매하므로 무단 복제 및 전재를 금합니다.
*잘못된 도서는 구입하신 곳에서 교환해 드립니다.